MENSAJES PARA CREYENTES NUEVOS

21

WATCHMAN NEE

RESISTID AL DIABLO

Living Stream Ministry
Anaheim, CA • www.lsm.org

Primera edición: enero de 1998.

ISBN 978-0-7363-0098-8

Traducido del inglés
Título original: *Withstanding the Devil*
(Spanish Translation)

Publicado por

Living Stream Ministry
2431 W. La Palma Ave., Anaheim, CA 92801 U.S.A.
P. O. Box 2121, Anaheim, CA 92814 U.S.A.

Impreso en India

02 03 04 05 06 07 / 9 8 7 6 5 4 3

RESISTID AL DIABLO

Lectura bíblica: Jac. 4:7; 1 P. 5:8-9; 2 Co. 2:11

Al diablo se le conoce también como Satanás (Ap. 12:9). Dios lo había creado como un querubín (Ez. 28:12-14) y un arcángel (Ap. 12:7; Mt. 25:41), pero un día, se rebeló contra Dios queriendo elevarse a sí mismo para ser igual que Dios. Por lo cual, Dios lo juzgó (Is. 14:12-15; Ez. 28:15-19) y, este arcángel llegó a ser Satanás, el adversario de Dios. En el texto original, *Satanás* significa "oponente" o "adversario". El diablo se opone a todo lo que Dios hace. Además, siempre está en contra de los hijos de Dios.

Examinemos la manera en que el diablo ataca a los hijos de Dios, y cómo ellos lo resisten.

I. LA OBRA DE SATANÁS

Consideraremos primero cuatro aspectos de la obra que realiza Satanás.

A. Satanás actúa en la mente del hombre

En 2 Corintios 10:4-5 dice: "Porque las armas de nuestra milicia no son carnales, sino poderosas ante Dios para derribar fortalezas, al derribar argumentos y toda altivez que se levanta contra el conocimiento de Dios, y al llevar cautivo todo pensamiento a la obediencia a Cristo". Esto nos muestra que Satanás usa toda altivez como una fortaleza, con la cual rodea el pensamiento del hombre. Por lo tanto, a fin de ganar al hombre, primero el Señor tiene que derribar las fortalezas de Satanás. El Señor tiene que hacer esto antes de entrar en combate con la mente del hombre y llevar cautivo a todo pensamiento.

1. Los argumentos y las tentaciones de Satanás

¿En qué consisten los argumentos a los que se refiere este pasaje? Esta palabra en griego se traduce también como "imaginaciones" o "pensamientos". Con frecuencia, Satanás nos asedia con imaginaciones suyas. Los hombres son insensatos, ya que dan por cierto que estos pensamientos son propios, pero de hecho son las fortalezas de Satanás, las cuales impiden que la mente de ellos se someta a Cristo. Muchas veces Satanás nos inyecta cierta clase de imaginación en nuestra mente. Si creemos que ese pensamiento procede de nosotros mismos, habremos caído en su trampa. Frecuentemente surgen pensamientos sin fundamento alguno; sencillamente son imaginaciones. Muchos de los llamados "pecados" son de naturaleza imaginaria; no son reales. Muchos de los problemas que surgen entre los hermanos y las hermanas proceden de su imaginación; no se basan en hechos reales. En muchas ocasiones, Satanás inyecta un pensamiento absurdo en nuestra mente, sin que nos percatemos de que esa es obra suya. Cuando él inyecta un pensamiento serpentino y nosotros lo aceptamos, permitimos que él opere en nosotros. Si rechazamos dicho pensamiento, rechazamos su obra. Muchos pensamientos no son nuestros; de hecho, son concebidos por Satanás. Tenemos que aprender a rechazar los pensamientos que provienen de Satanás.

Casi todas las tentaciones de Satanás se presentan por medio de la mente. Satanás se da cuenta de que si ataca abiertamente a los hijos de Dios, ellos se levantarán y le resistirán impetuosamente. Por eso, él nos tienta con mucha sutileza; se infiltra de manera furtiva y planta un pensamiento en nuestra mente sin que nos percatemos de su obra. Una vez que dicho pensamiento tiene cabida en nosotros, empezamos a considerarlo. Si cuanto más lo consideramos, más nos sentimos justificados y correctos, ya habremos caído en su trampa. Ese pensamiento que hemos aceptado es la tentación de Satanás. Si rechazamos el ataque de Satanás en nuestra mente, estaremos cerrando la entrada más vulnerable a sus tentaciones.

Muchos de los problemas que surgen entre los hijos de Dios existen únicamente en su mente; no son problemas reales. A veces, piensan que cierto hermano o hermana tiene algo en contra suya o que existe cierto distanciamiento. Esto puede hacer que se produzca una barrera entre ellos, cuando en realidad no ha sucedido nada. Dicho "problema" no es otra cosa que el ataque de Satanás en la mente de uno, o en la mente del otro hermano o hermana. Tales problemas son innecesarios. Los hijos de Dios deben rechazar esos pensamientos y sentimientos que se presentan de forma repentina. Tienen que aprender a nunca ceder ante Satanás.

Al respecto, debemos hacer una advertencia. No debemos preocuparnos demasiado acerca de los pensamientos generados por Satanás. Hay personas que caen en el extremo de no prestar ninguna atención a los pensamientos de Satanás; pero hay otras que caen en el otro extremo y les dan excesiva importancia. Una persona puede ser engañada fácilmente si no puede detectar cuáles son los pensamientos que provienen de Satanás; al mismo tiempo, puede perder la razón si se obsesiona con tales pensamientos. Si una persona le da excesiva importancia a las tentaciones de Satanás, su mente se llenará de confusión y será presa fácil de las trampas de Satanás. Tan pronto una persona aparta sus ojos del Señor, se hallará en peligro. Por una parte, necesitamos ver que Satanás ataca nuestra mente; por otra parte, necesitamos comprender que tan pronto rechacemos sus ataques, éstos cesarán. Si una persona tiene que rechazar a Satanás día y noche, es porque algo anda mal con respecto a su mente, y está andando en la senda equivocada. Por una parte, debemos conocer las artimañas de Satanás, porque si las ignoramos, seremos engañados; por otra parte, no debemos de preocuparnos demasiado al respecto, porque eso también nos conducirá a ser engañados. En el instante en que ponemos nuestros ojos en Satanás, él obtiene lo que desea. Esta distracción nos hará que seamos inservibles, pues estaremos obsesionados con sus pensamientos día y noche. Cualquier hermano o hermana que se ocupe de sobremanera en tales pensamientos, ya ha sido engañado. Tenemos que aprender a ser personas equilibradas. No es apropiado preocuparse de manera excesiva. Si la mente de una persona está ocupada constantemente con los pensamientos que provienen de Satanás, en realidad le está cediendo terreno para que él pueda infiltrarse, por lo que jamás debemos llegar hasta esos extremos.

2. Cómo rechazar los pensamientos de Satanás

¿Cómo podemos rechazar los pensamientos que provienen de Satanás? Es fácil. Dios nos ha dado una mente que nos pertenece a nosotros, y no a Satanás. Solamente nosotros tenemos el derecho de usar nuestra mente; Satanás no tiene autoridad sobre nuestra mente. Lo único que debemos hacer es no permitirle pensar. Satanás sólo puede usurpar nuestra mente valiéndose de engaños. Nos insinuará cierto pensamiento, y puede ser que creamos que proviene de nosotros, cuando en realidad proviene de Satanás. Tan pronto reconocemos que aquel pensamiento no es nuestro, vencemos.

Satanás siempre tienta y ataca a la persona de una manera sutil, furtiva y encubierta. Él no se anuncia audiblemente, diciendo: "¡Aquí vengo!". No, más bien nos engaña con mentiras y falsedades. Él no nos deja saber que es él quien está operando detrás de cierta acción. Una vez que nos percatemos que se trata de un ataque de Satanás y pongamos al descubierto su disfraz, nos será fácil resistirlo. El Señor Jesús dijo: "Y conoceréis la verdad, y la verdad os hará libres" (Jn. 8:32). La verdad la constituyen los hechos. Una vez que conozcamos los hechos, seremos liberados. En cambio, el poder de Satanás reside en sus mentiras; una vez que éstas fracasan, su poder se desvanece. Por consiguiente, tan pronto descubrimos que es Satanás quien en realidad nos está atacando, somos liberados. Algunos hijos de Dios declaran verbalmente que Satanás es quien instiga todos los ataques que sufren, pero en su espíritu no tienen la certeza de que tales ataques provengan realmente de Satanás. Aunque ellos dicen que resisten a Satanás, desconocen la realidad de la obra que él realiza y, como resultado, no pueden resistirlo. Sin embargo, en cuanto ellos puedan reconocer la obra de Satanás, podrán resistirlo, y tan pronto le opongan resistencia, él huirá.

Satanás ataca principalmente nuestra mente por medio de engaños. Él nos hace creer que sus pensamientos son nuestros, cuando en realidad provienen de él. Al poner en evidencia sus mentiras, rechazamos el pensamiento que proviene de él.

Resistir significa rechazar. Cuando Satanás nos ofrezca un pensamiento, debemos decir: "No lo quiero". Esto es lo que significa resistir. Cuando él inyecta un pensamiento en nosotros, debemos decir: "No lo acepto", y si inyecta otro pensamiento en nosotros, debemos repetir: "No lo acepto". Si hacemos esto, él no podrá hacernos nada. Un siervo del Señor quien vivió durante la Edad Media dijo: "Uno no puede evitar que los pájaros vuelen sobre su cabeza, pero sí puede impedir que aniden en ella". Este hermano tenía toda la razón. No podemos evitar que Satanás nos tiente, sin embargo, sí podemos impedir que anide, que establezca un lugar desde el cual él se pueda apoderar de nosotros. Nosotros tenemos tal potestad. Si desechamos aquellos pensamientos que se introducen en nuestra mente, estos cesarán.

En un sentido positivo, necesitamos ejercitar nuestra mente. Muchas personas tienen mentes ociosas, por lo que es fácil que los pensamientos de Satanás hallen cabida en ellos. En Filipenses 4:8 dice: "Todo lo que es verdadero, todo lo honorable, todo lo justo, todo lo puro, todo lo amable, todo lo que es de buen nombre; si hay virtud alguna, si alguna alabanza, a esto estad atentos". Nosotros debemos estar atentos a los asuntos espirituales. Debemos ejercitar nuestra mente para discernir los asuntos espirituales. Si una persona siempre pone su mente en cosas pecaminosas, a Satanás le será fácil inyectarle sus pensamientos, dado que estos serán muy parecidos a los de dicha persona. Pero si constantemente fijamos nuestra mente en los asuntos espirituales, no le será fácil inyectar sus pensamientos en nuestra mente. Satanás puede inyectar sus ideas en las personas debido a que sus mentes son pasivas, tienen demasiado tiempo libre, o porque primeramente sus pensamientos han sido sucios.

Otro asunto que merece nuestra atención es que no debemos dejar que nuestra mente sea atraída a los pensamientos satánicos. Hay muchas personas a quienes les sucede esto. Ellas no tienen ningún interés en las maravillosas experiencias espirituales de otros hermanos, sin embargo, se interesan mucho cuando se trata de esparcir chismes. Puesto que se complacen en la obra de Satanás, no pueden rechazar los pensamientos satánicos. Si queremos rechazar sus pensamientos, es preciso que aborrezcamos la obra de Satanás. Todos los pensamientos sucios que dañan nuestra comunión con el Señor y debilitan nuestro amor por Él, provienen de Satanás. En primer lugar, estos pensamientos no se presentarían si no sintiéramos atracción hacia ellos. Si inclinamos nuestro corazón hacia estas cosas, vendrán a nosotros con facilidad. Por lo tanto, tenemos que aprender a rechazar todo lo que proceda de Satanás.

Debemos prestar especial atención al hecho de rechazar todo pensamiento inmundo. Satanás siempre pone pensamientos sucios en el hombre para inducirlo a pecar. El punto de partida es un solo pensamiento sucio. Si permitimos que tal pensamiento continúe, éste producirá el fruto del pecado. Por lo tanto, debemos rechazar todo pensamiento que provenga de Satanás.

Sin embargo, se presenta un gran problema: ¿Qué debemos hacer si el pensamiento rehúsa irse después que lo hemos rechazado? Necesitamos darnos cuenta de que sólo es necesario resistir tales pensamientos indeseables una sola vez. Uno resiste una sola vez; nunca debemos resistirlos dos veces. Jacobo 4:7 dice: "Resistid al diablo, y huirá de vosotros". Este versículo nos manda resistir al diablo y el diablo huirá. Tenemos que creer que cuando resistimos al diablo, él huirá. Es un error continuar resistiendo por temor a que el diablo todavía esté cerca. ¿Qué palabras hemos de creer? La Biblia dice: "Resistid ... él huirá". Si una voz interna nos insinúa que él no ha huido, ¿de quién es esa voz? ¡Es la voz de Satanás! Muchas personas eligen creer las palabras de Satanás y, por consiguiente, son derrotadas. Cuando hemos resistido al diablo, debemos declarar: "Ya resistí al diablo. Ya se fue". La sensación de que él todavía está rondando es una mentira, no es real y no procede del Señor. El diablo ha de huir ya que no tiene base alguna para quedarse. Entendamos claramente que lo correcto es resistir una sola vez, y es incorrecto resistir una segunda vez. Resistir la primera vez glorifica el nombre de Dios. Resistir una segunda vez pone en duda la Palabra de Dios.

Después de resistir al diablo, mucha gente comete el error de examinar sus sentimientos. Ellos se preguntan: "¿Ya se fue el diablo?". Sus sentimientos les dicen que él no se ha ido, y tratan de resistirlo de nuevo. Si uno resiste una segunda vez, indudablemente lo hará una tercera vez, una cuarta, una centésima y una milésima vez. A ese paso terminaremos sintiéndonos completamente impotentes para rechazarlo. Pero si no le hacemos caso alguno después de haber resistido la tentación de Satanás una vez, lograremos vencer. Debemos prestar atención al hecho que consta en la Palabra de Dios e ignorar nuestros propios sentimientos. El hecho es que tan pronto resistimos al diablo, él huye. Si no creemos que él ha huido después de haberlo resistido, nos están engañando nuestros sentimientos. Si creemos en estos sentimientos, el diablo regresará. Tenemos que aprender a creer las gloriosas palabras de Dios. Tan pronto hayamos resistido al diablo la primera vez, no necesitamos hacerlo una segunda vez, porque el asunto ya está resuelto.

Estos son asuntos que se relacionan con la obra que Satanás realiza en la mente del hombre. Debemos percatarnos que Satanás ataca la mente del hombre. Tenemos que rechazar todo pensamiento que provenga de Satanás y, al mismo tiempo, tenemos que darnos cuenta que una vez que rechazamos sus pensamientos, podemos dar por concluido tal asunto. No debemos preocuparnos excesivamente por sus ataques. Si lo hacemos, nuestra mente entrará en confusión, y habremos caído en la trampa del diablo.

B. Satanás actúa en el cuerpo del hombre

La Biblia nos muestra claramente que muchas enfermedades físicas son resultado del ataque de Satanás.

La fiebre que tenía la suegra de Pedro era un ataque de Satanás, y el Señor Jesús reprendió aquella fiebre (Lc. 4:39). El Señor sólo reprende a seres que tienen una personalidad. No es posible reprender a una taza o a una silla; sólo se pueden reprender entidades que tienen una personalidad. La fiebre es un síntoma; por lo tanto, el Señor no lo podía reprender. Pero detrás de aquel síntoma estaba Satanás con su propia personalidad. Por eso, tan pronto como el Señor reprendió la fiebre, ésta desapareció.

En Marcos 9 vemos el caso de un niño sordomudo. A los ojos del hombre la sordera y la mudez son enfermedades. Pero el Señor Jesús reprendió al espíritu inmundo, diciendo: "Espíritu

mudo y sordo, Yo te mando, sal de él, y no entres más en él"
(v. 25). La mudez y la sordera del niño eran los síntomas exter-
nos de una posesión demoníaca; no eran enfermedades ordina-
rias. Tenemos que comprender que muchas enfermedades son
dolencias médicas, pero hay muchas enfermedades que en realidad son ataques del diablo. La Biblia no dice que el Señor curó
la enfermedad, sino que la reprendió. Las llagas que aparecie-
ron en el cuerpo de Job, no podían ser sanadas por la medicina,
pues no era una enfermedad en términos médicos, sino que
eran ataques del diablo. Si uno no elimina primero al diablo,
no tendrá manera de tratar con esta clase de enfermedades.

Reconocemos que en muchas ocasiones las enfermedades
se producen cuando, por descuido, el hombre ignora las leyes
naturales. No obstante, muchas veces las enfermedades pueden
ser el producto del ataque de Satanás. En tal caso, uno sólo
necesita pedirle al Señor que reprenda la enfermedad, y ésta
se irá. Esta clase de enfermedades vienen de repente y se van
de la misma manera. Es un ataque de Satanás, no es una
enfermedad común.

El problema se complica por el hecho de que Satanás no
desea que la enfermedad que él ha causado se descubra ni salga
a la luz. Él siempre se esconde detrás de los síntomas más
comunes y nos hace creer que toda enfermedad es el resultado
de causas naturales. Si le permitimos esconderse detrás de
estos síntomas naturales, la enfermedad no se irá. Una vez que
ponemos en evidencia la actividad de Satanás y lo reprende-
mos, la enfermedad se desvanecerá. Un hermano tenía una
fiebre muy alta y sufría muchísimo. No podía dormir y no
entendía qué le sucedía. Pero cuando se convenció de que aquello era obra de Satanás, oró al Señor por ese asunto y, al día
siguiente, la fiebre cesó.

Cuando los cristianos se enferman, primero deben determinar la causa de su enfermedad. Deben preguntarse: ¿Existe
alguna causa válida para que yo tenga esta enfermedad? ¿Se
debe a causas naturales o es un ataque de Satanás? Si no existe
una causa que justifique la enfermedad y se descubre que, de
hecho, es un ataque de Satanás, deben resistirlo y rechazarlo.

La obra de Satanás en el cuerpo del hombre no sólo resulta
en enfermedades, sino también en muerte. Satanás ha sido

homicida desde el principio, así como desde el principio ha sido un mentiroso (Jn. 8:44). No solamente debemos resistir las enfermedades causadas por Satanás, sino también sus homicidios. Pensar en la muerte proviene de Satanás; toda noción de muerte como escape a cualquier situación proviene de Satanás. Fue él quien indujo a Job a pensar en la muerte. Él no sólo lo ha hecho con Job, sino también con todos los hijos de Dios. Toda idea de suicidio, todo deseo de fallecer o de morir prematuramente es una tentación de Satanás. Él incita al hombre a pecar y también a buscar la muerte. Incluso, pensar en los peligros que puedan ocurrir mientras uno viaja, es un ataque de Satanás. Debemos rechazar estos pensamientos en el momento que lleguen y no debemos permitirles que permanezcan en nosotros.

C. Satanás actúa en la conciencia del hombre

Apocalipsis 12:10 dice: "Ha sido arrojado el acusador de nuestros hermanos, el que los acusa delante de nuestro Dios día y noche". Esto nos muestra que una parte de la obra de Satanás es acusarnos. Ésta es una obra que se realiza en la conciencia del hombre. Tan pronto como una persona es salva, su conciencia es avivada, de modo que ella empieza a discernir el pecado. Satanás sabe esto. Él sabe que el Espíritu Santo inquieta la conciencia de los hijos de Dios con respecto al pecado. Él también sabe que el Espíritu Santo los guía a confesar y a pedir perdón ante Dios. En consecuencia, Satanás se anticipa a falsificar la obra del Espíritu Santo. Él empieza acusando al hombre en su conciencia. Los hijos de Dios se encuentran, con mucha frecuencia, bajo esta clase de ataque, el cual causa mucha confusión.

Muchos hijos de Dios no saben distinguir entre la reprensión del Espíritu Santo y la acusación de Satanás, y por eso titubean en resistir cualquier acusación. Esto le da más oportunidad a Satanás para acusarlos. Muchos hijos de Dios podrían haber sido de gran utilidad en las manos de Dios, pero no lo son debido a que sus conciencias han sido debilitadas a lo sumo por el ataque de Satanás. Ellos son constantemente bombardeados con sus acusaciones y con el sentir de que ellos han pecado en tal o cual área de sus vidas. Por ello, no se sienten dignos de estar en la presencia de Dios ni en la presencia de los hombres. Como resultado, quedan incapacitados espiritualmente por el resto de sus vidas.

Una vez que somos cristianos, es cierto que debemos estar atentos a la represión del Espíritu Santo; sin embargo, también debemos rechazar la acusación de Satanás. Debemos prestar atención a la diferencia que existe entre la represión del Espíritu Santo y la acusación de Satanás. Muchas de las llamadas "represiones" de hecho son acusaciones de Satanás.

1. La diferencia entre la acusación de Satanás y la represión del Espíritu Santo

¿Cuál es la diferencia entre la acusación de Satanás y la represión del Espíritu Santo? Debemos distinguirlas.

En primer lugar, toda represión del Espíritu Santo se inicia con un sentir muy débil. Este sentir interno se hace más fuerte y nos convence de nuestros errores. En cambio, la acusación de Satanás nos fastidia internamente pero de manera constante. La amonestación del Espíritu Santo se intensifica con el paso del tiempo; la acusación de Satanás posee la misma intensidad de principio a fin. Con el paso del tiempo, el sentir interno del Espíritu se hace cada vez más intenso, mientras que la acusación de Satanás nos fastidia constantemente perturbándonos de principio a fin.

En segundo lugar, cuando atendemos a la represión del Espíritu, encontramos que aquel poder que el pecado ejerce sobre nosotros, disminuye. Toda represión que procede del Espíritu Santo disminuirá un poco el poder que el pecado ejerce sobre nosotros. Por tanto, cualquier represión del Espíritu hará que el poder del pecado se debilite; en consecuencia, el pecado disminuye. No sucede lo mismo cuando Satanás nos acusa. Cada vez que él viene para acusarnos, descubrimos que el poder del pecado sigue tan fuerte como antes.

En tercer lugar, la amonestación del Espíritu Santo nos conduce al Señor, mientras que la acusación de Satanás nos desalienta. Cuanto más nos reprende el Espíritu Santo, más fortalecidos somos interiormente para llevar nuestros problemas ante el Señor. En cambio, la acusación de Satanás nos lleva a la desesperación y a la resignación. La represión del

Espíritu Santo nos hace acudir al Señor y depender de Él; la acusación de Satanás causa que nos encerremos en nosotros mismos y que seamos desalentados.

En cuarto lugar, si el Espíritu Santo nos reprende, ello nos llevará a confesar al Señor. Por lo menos, tal confesión redundará en que, si no nos trae gozo, al menos tendremos paz. Puede ser que nos traiga gozo o tal vez no, pero siempre nos traerá paz. Sin embargo, la acusación de Satanás es totalmente diferente. Su acusación no nos trae ni gozo ni paz, incluso después de haber confesado nuestros pecados. Esto es como cuando alguien se ha recuperado de una grave enfermedad o ha asistido a una representación teatral, una vez concluido el acto, no queda nada. La represión del Espíritu Santo tiene un resultado concreto: la paz, y a veces el gozo. Sin embargo, la acusación de Satanás no nos conduce a nada.

En quinto lugar, la represión del Espíritu Santo nos trae a la memoria la sangre del Señor. En cambio, con la acusación de Satanás, siempre hay un pensamiento que él inyecta: "De nada te servirá. Es posible que el Señor no quiera perdonarte". Este pensamiento estará presente aun cuando sepamos que podemos recurrir a la sangre de Cristo. En otras palabras, la represión del Espíritu Santo nos lleva a depositar nuestra fe en la sangre del Señor, mientras que la acusación de Satanás nos hace perder nuestra fe en la sangre del Señor. Siempre que surja algún sentimiento en usted, simplemente examine si tal sentimiento lo lleva a considerar la sangre del Señor, o por el contrario, si tal pensamiento lo aleja de la sangre de Cristo. Éste es el mejor indicador para determinar si tal sentimiento es la represión del Espíritu Santo o es una acusación de Satanás.

En sexto lugar, el resultado de la represión del Espíritu Santo redunda en el poder de Dios; uno se pone en pie y corre con mayor rapidez. Avanzamos con celo renovado, desechando toda confianza en uno mismo, y tenemos más fe en Dios. Sin embargo, el resultado de la acusación de Satanás es que nuestra conciencia se debilita. Ante Dios, la conciencia de las personas que toleran tales acusaciones ha sido herida. No tienen fe alguna en sí mismos, ni tampoco tienen fe en Dios. Es cierto que la represión del Espíritu Santo nos despoja de nuestra propia fuerza y de nuestra confianza en nosotros mismos, pero también es cierto que al mismo tiempo nos infunde más fe en el Señor. No sucede lo mismo cuando Satanás nos acusa, pues además de despojarnos de nuestra confianza, debilita nuestra fe en el Señor. El resultado es que nos convertimos en personas debilitadas.

2. Cómo vencer las acusaciones de Satanás

Apocalipsis 12:11 dice: "Y ellos [los hermanos] le han vencido por causa de la sangre del Cordero y de la palabra del testimonio de ellos, y despreciaron la vida de su alma hasta la muerte". "Le" hace referencia a Satanás, el acusador de los hermanos. ¿Cómo podemos vencerle?

Primero, vencemos por la sangre del Cordero. Por un lado, si ante Dios hemos cometido algún pecado, tenemos que confesarlo, pero por otro lado, tenemos que decirle a Satanás: "¡No hay la necesidad de que me acuses! ¡Hoy acudo al Señor en virtud de Su sangre!". Para vencer a Satanás, tenemos que mostrarle que hemos sido perdonados por la sangre del Cordero. Todos nuestros pecados, grandes y pequeños, han sido perdonados por la sangre del Cordero. Esta es la Palabra de Dios: "La sangre de Jesús Su Hijo nos limpia de todo pecado" (1 Jn. 1:7).

Debemos comprender que Dios tiene como base la sangre del Cordero para perdonarnos y aceptarnos en Cristo. Jamás debiéramos de ser tan presumidos como para pensar que somos lo suficientemente buenos. Tampoco deberíamos ser tan necios como para condenarnos desde la mañana hasta la noche. Ciertamente es necedad ser arrogantes y también es necedad continuar mirándose a uno mismo. Aquellos que se consideran buenos son necios, y los que no se percatan del poder salvador del Señor también son necios. Los que confían en su propia fuerza son necios, y los que no creen en el poder del Señor son necios también. Tenemos que darnos cuenta de que la sangre del Cordero ya ha cumplido con todas las demandas de Dios. Además, ella ha prevalecido sobre todas las acusaciones de Satanás.

Segundo, vencemos por la palabra de nuestro testimonio. La palabra de nuestro testimonio declara los hechos espirituales y declara la victoria del Señor. Tenemos que decirle a Satanás:

"¡No es necesario que me molestes más! ¡Mis pecados han sido perdonados por la sangre del Señor!". Necesitamos ejercitar nuestra fe para declarar que Jesús es el Señor y que Él ya ha ganado la victoria. Necesitamos proclamar la palabra de nuestro testimonio y dejar que Satanás la oiga. No solamente tenemos que creer con el corazón, sino también declarar esto con nuestra boca ante Satanás. Esta es la palabra de nuestro testimonio.

Tercero, debemos despreciar la vida de nuestra alma hasta la muerte. "La sangre del Cordero" y "la palabra del testimonio de ellos", las cuales mencionamos anteriormente, son dos condiciones necesarias para vencer a Satanás. Despreciar la vida del alma hasta la muerte es una actitud. No importa lo que Satanás está haciendo, aun si trata de matarnos, la actitud que debemos mantener es la de seguir confiando en la sangre del Cordero y de seguir declarando Su victoria. Si mantenemos esta actitud, la acusación de Satanás cesará. Él no nos podrá vencer, por el contrario, ¡ciertamente nosotros le venceremos!

Algunos hermanos y hermanas toleran tantas acusaciones de Satanás al grado que ya no son capaces de distinguir entre una acusación de Satanás y una represión del Espíritu Santo. Tales personas deben abstenerse de confesar sus pecados por cierto tiempo, pues el Señor no desea que actuemos de manera insensata. En lugar de ello, deben orar al Señor y decir: "Si he pecado, estoy dispuesto a confesar mi pecado y pedir Tu perdón. Pero ahora Satanás me está acusando. Te suplico que cubras todos mis pecados con Tu sangre. De ahora en adelante, ¡todo, sea pecado o no, queda bajo Tu sangre, y no dejaré que nada me perturbe!". Aquellos que se hallen en tal condición tienen que olvidarse de todo por un tiempo, para que puedan distinguir claramente entre la acusación de Satanás y la represión del Espíritu Santo.

3. *Cómo ayudar a quienes están bajo la acusación de Satanás*

Jamás debiéramos aumentar la carga de la conciencia de quienes están bajo la acusación de Satanás. Primero, debemos ayudarles a que tomen aquellas medidas que están dentro de sus posibilidades, pues si les pedimos que hagan algo que sobrepasa su actual capacidad, fácilmente caerán en condenación. Antes de darles consejos más fuertes o instarles a tomar medidas más serias, tenemos que estar seguros de que tales personas tienen la fuerza suficiente ante el Señor para seguir adelante. Segundo, si distinguimos con claridad que el Espíritu Santo está operando en ellas, debemos elevar un poco la norma puesto que, junto con la evidente operación del Espíritu del Señor y del espíritu de avivamiento, la Palabra del Señor podrá levantar la capacidad de dichas personas. Si elevamos la norma cuando el Espíritu del Señor no ha operado, no estaremos ayudando a estas personas —a quienes Satanás ha acusado— a salir adelante; por el contrario, le estaremos dando la oportunidad de acusarlas aún más.

No debemos ser imprudentes al hacerles notar sus faltas a otros. Supongamos que un hermano ha fracasado en ciertas áreas de su vida, pero a pesar de ello, todavía es capaz de orar, de leer la Biblia y de asistir a las reuniones. Si internamente usted tiene la certeza de poder ayudar a dicho hermano, es probable que él sólo necesite de una pequeña ayuda para superar sus problemas. Pero si usted carece de tal certeza y del poder necesario para ayudar a este hermano, al sacar a colación sus faltas, sólo logrará desanimarlo de seguir orando, de leer la Biblia y de reunirse. No debemos apagar el pabilo que humea, sino que debemos volverlo a encender. Debemos reafirmar la caña cascada y no quebrarla. No debiéramos hacer de nosotros mismos una norma, poniendo la conciencia de los demás bajo condenación. Tenemos que aprender a no hacer cosas que lastimen la conciencia de los demás.

A quienes se encuentran bajo la acusación de Satanás, debemos mostrarles Hebreos 10:22: "Purificados los corazones de mala conciencia con la aspersión de la sangre". Al ser rociados con la sangre, nuestra conciencia jamás debe sentirse culpable. El principio que debe regir la vida cristiana es que todo cristiano debe vivir con una conciencia en la que no hay condenación alguna. Si un cristiano percibe que su conciencia lo condena, su condición será débil ante Dios y lo será también ante cualquier asunto espiritual. La meta de Satanás es descarrilarnos de este principio, y con ese fin nos acusará incesantemente.

Para aferrarnos a este principio tenemos que aplicar la sangre. Cuanto más Satanás trate de hacernos sentir culpables, más debemos aplicar la sangre a todos nuestros pecados. Los hermanos lo vencieron no por su propia fuerza, sino por causa de la sangre del Cordero. Podemos declarar: "Satanás, reconozco que he pecado. Pero ¡el Señor me redimió! Jamás he negado que yo sea un deudor. Sí, tengo deuda, pero ¡el Señor ha pagado mi deuda!". No es necesario tratar de contrarrestar la acusación de Satanás negando que seamos deudores. Podemos derrotarlo declarando que nuestra deuda ya fue pagada.

D. La obra de Satanás en nuestro entorno

Todas las circunstancias son dispuestas por Dios. Sin embargo, muchas cosas en nuestro entorno, aunque son permitidas por Dios, también son el resultado de la obra directa y activa de Satanás.

Tomemos el caso de Job como ejemplo. A él le robaron los bueyes y los asnos, su casa se desplomó y todos sus hijos murieron. Todo ello formaba parte de su entorno. Aunque Dios lo permitió, Satanás fue el instigador directo de todos los ataques.

El fracaso de Pedro es otro ejemplo. Si bien podemos afirmar que en parte Pedro mismo fue la causa de su fracaso, también es cierto que parte de la culpa la tuvo el propio Satanás, quien le atacó valiéndose del entorno. El Señor dijo: "Simón, Simón, he aquí Satanás os ha pedido para zarandearos como a trigo" (Lc. 22:31). La caída de Pedro fue el resultado directo de la obra de Satanás, sin embargo, fue algo que Dios permitió.

Es obvio que el aguijón de Pablo era obra de Satanás. Pablo dijo: "Me fue dado un aguijón en mi carne, un mensajero de Satanás, para que me abofetee" (2 Co. 12:7). Esto es la obra de Satanás. Es Satanás quien se vale del entorno para atacar a los hijos de Dios.

Vemos un ejemplo todavía más claro en Mateo 8, cuando el Señor Jesús les mandó a los discípulos que pasaran al otro lado del mar, ya que Él sabía que tenían que echar fuera poderosos demonios al otro lado del mar. Después que Él y Sus discípulos entraron en la barca, de repente se levantó una tempestad tan grande en el mar que las olas cubrían la barca. Pero el Señor estaba dormido, y se le acercaron Sus discípulos y lo despertaron, diciendo: "¡Señor, sálvanos, que perecemos!" (v. 25). Algunos de los discípulos eran pescadores; eran marineros diestros. Sin embargo, se dieron cuenta de que las olas eran más de lo que ellos podían superar. El Señor Jesús los reprendió por su poca fe. Luego, se levantó y reprendió a los vientos y al mar. Los vientos y el mar no tienen personalidad propia, pero el Señor los reprendió porque el diablo estaba escondido detrás de ellos. Era Satanás quien agitaba el viento y las olas.

En conclusión, Satanás no sólo ataca nuestro cuerpo, nuestra conciencia y nuestra mente, sino también nos ataca mediante nuestro medio ambiente.

¿Cómo debemos reaccionar cuando Satanás nos ataca por medio de nuestro entorno?

En primer lugar, tenemos que humillarnos bajo la poderosa mano de Dios. Tanto en Jacobo 4 como en 1 Pedro 5 se nos insta a resistir a Satanás. Ambas porciones también nos alientan a humillarnos delante de Dios. Cuando Satanás nos ataca por medio del entorno, nuestra primera reacción debe ser sujetarnos a Dios. Si no nos sometemos a Dios, no podremos resistir al diablo. Si procuramos resistir al diablo sin someternos a Dios, nuestra conciencia nos acusará. Por lo tanto, nuestra primera reacción debe ser sujetarnos a Dios.

En segundo lugar, debemos resistir al diablo. Siempre que los hijos de Dios encuentren en su entorno cosas irracionales e inexplicables, e internamente perciban con claridad que tales ataques provienen de Satanás, deben resistirlo. Una vez que lo hagan, los ataques quedarán atrás. Por una parte, necesitan humillarse bajo la mano de Dios, y por otra, tienen que resistir las actividades de Satanás en su entorno. Cuando se humillan y se mantienen firmes en la presencia de Dios, Él les mostrará que no es Él quien está obrando sino Satanás. De esta manera podrán distinguir entre aquello que Dios ha dispuesto y el ataque de Satanás. Una vez que ustedes reconozcan y resistan al diablo, sus ataques cesarán.

En tercer lugar, debemos rechazar el temor en cualquiera de sus formas. Satanás tiene que encontrar dónde infiltrarse para poder obrar en los hijos de Dios. Es decir, Satanás no podrá operar en donde no se le dé cabida. Por lo tanto, sus primeros ataques tienen como fin ganar una cabeza de playa, un punto de desembarque, y desde esa cabeza de playa él nos atacará. Por eso, no debemos darle ningún espacio en nuestro ser. Esta es la manera de obtener la victoria. Existe un área que es muy propensa a convertirse en la fortaleza más grande de Satanás: el temor. Siempre que Satanás nos somete a tribulaciones, lo primero que hace es provocar en nosotros el temor. Una hermana con mucha experiencia una vez dijo: "El temor es la tarjeta de presentación de Satanás". Una vez que usted acepta el temor, Satanás entrará; pero si usted rechaza el temor, él no podrá infiltrarse.

Todo pensamiento de temor constituye un ataque de Satanás. Lo que uno teme, eso mismo le sobrevendrá. Job dijo: "Porque el temor que me espantaba me ha venido, / Y me ha acontecido lo que yo temía" (Job 3:25). A Job le sobrevino todo lo que temía. Por lo general, el entorno del que Satanás se vale para atacarnos viene en una forma tal que inspira temor. Si usted rechaza el temor, no le sobrevendrá lo que usted teme. Pero si permite que el temor permanezca, ciertamente le estará dando la oportunidad a Satanás de traer sobre usted aquello que teme.

Por tanto, a fin de que los hijos de Dios resistan la obra de Satanás, lo primero que tienen que hacer es rechazar el temor. Siempre que Satanás procure infundirle temor respecto a esto o aquello, usted no debe rendirse a tal temor. Usted debe decir: "¡Jamás aceptaré nada que el Señor no haya medido para mí!". En cuanto una persona sea liberada del temor, es liberada de la esfera de Satanás. A esto se refiere Pablo cuando dijo: "Ni deis lugar al diablo" (Ef. 4:27).

¿Por qué no debemos temer? No debemos temer "porque mayor es el que está en vosotros, que el que está en el mundo" (1 Jn. 4:4). Si tememos, es porque ignoramos esta realidad.

II. RESISTIMOS A SATANÁS POR MEDIO DE LA FE

En 1 Pedro 5:8-9 dice: "Sed sobrios, y velad. Vuestro adversario el diablo, como león rugiente, anda alrededor buscando a quien devorar; al cual resistid firmes en la fe". La Palabra de Dios nos muestra claramente que la manera de resistir a Satanás es por medio de la fe. No hay otra manera de resistirlo. ¿En qué se debe basar nuestra fe? ¿Cómo debemos ejercitar nuestra fe para resistir al diablo? Examinemos lo que la Palabra de Dios dice al respecto.

A. Creemos que el Señor se manifestó para destruir las obras del diablo

En primer lugar, tenemos que creer que el Señor se manifestó para destruir las obras del diablo (1 Jn. 3:8). El Hijo de Dios ha venido a la tierra; Él se ha manifestado, y mientras estuvo en la tierra, destruía las obras del diablo por dondequiera que iba. Por lo general, la obra de Satanás no es muy obvia, pues él se esconde detrás de fenómenos naturales. Sin embargo, el Señor lo reprendió en todos los casos. No hay duda que Él estaba reprendiendo a Satanás cuando reprendió el hablar de Pedro (Mt. 16:22-23), cuando reprendió la fiebre de la suegra de Pedro (Lc. 4:23), y cuando reprendió al viento y a las olas. Aunque el diablo se escondía detrás de muchos fenómenos naturales, el Señor Jesús lo reprendió. Dondequiera que el Señor iba, el poder del diablo era hecho añicos. Por eso Él dijo: "Pero si Yo por el Espíritu de Dios echo fuera los demonios, entonces ha llegado a vosotros el reino de Dios" (Mt. 12:28). En otras palabras, adondequiera que el Señor iba, Satanás era echado fuera, y el reino de Dios se manifestaba. Satanás no podía permanecer donde el Señor estaba. Por eso el Señor dijo que Él se manifestó para destruir las obras del diablo.

También debemos creer que, al manifestarse en la tierra, el Señor no sólo destruyó las obras del diablo, sino que le dio autoridad a Sus discípulos para echar fuera los demonios en Su nombre. El Señor dijo: "He aquí os doy potestad de hollar serpientes y escorpiones, y sobre todo poder del enemigo" (Lc. 10:19). Después de ascender, el Señor le dio Su nombre a la iglesia, para que ésta continuase Su obra en la tierra. El Señor usó Su autoridad en la tierra para echar fuera los demonios. También le dio esta autoridad a la iglesia.

Debemos distinguir entre lo que el diablo posee y lo que nosotros poseemos. Lo que el diablo tiene es poder. Lo que nosotros poseemos es autoridad. Satanás sólo tiene poder. Pero el Señor Jesús nos dio autoridad, la cual puede vencer todo el poder de Satanás. El poder no prevalece sobre la autoridad. Dios nos ha dado Su autoridad, y sin duda Satanás fracasará.

Usemos un ejemplo para comprender cómo la autoridad vence el poder: Un semáforo que está en una calle puede controlar el tráfico. Cuando la luz roja se enciende, los peatones y los automóviles tienen que detenerse, pues a nadie se le permite cruzar cuando la luz roja está encendida. Los peatones y los autos son mucho más poderosos que el semáforo. Sin embargo, ni los peatones ni los conductores se atreverán a avanzar cuando el semáforo está en rojo, pues representa la autoridad. Este es un ejemplo de como la autoridad prevalece sobre el poder.

La autoridad prevalece sobre el poder. Esto es lo que Dios ha determinado en el universo. No importa cuán fuerte sea el poder de Satanás, un hecho permanece indiscutible: El Señor Jesús dio Su nombre a la iglesia. Este nombre denota Su autoridad. La iglesia puede echar fuera demonios en el nombre del Señor. Podemos invocar el nombre del Señor para combatir el poder de Satanás. Agradecemos a Dios porque no importa cuán grande sea el poder de Satanás, el nombre del Señor es infinitamente mayor. La autoridad que tiene el nombre del Señor es suficientemente fuerte como para vencer todo el poderío de Satanás.

En una ocasión los discípulos salieron en el nombre del Señor y cuando regresaron, se mostraron sorprendidos. Ellos le dijeron al Señor: "Aun los demonios se nos sujetan en Tu nombre" (Lc. 10:17). El nombre del Señor denota autoridad. El hecho de habernos dado Su nombre significa que nos ha dado Su autoridad. El Señor dijo: "He aquí os doy potestad de hollar serpientes y escorpiones, y sobre todo poder del enemigo, y nada os dañará" (v. 19). Todo aquel que desee resistir a Satanás, debe reconocer la diferencia entre la autoridad del Señor y el poder de Satanás. No importa cuán grande sea el poder de Satanás, la autoridad del Señor siempre puede vencerle. Tenemos que creer que Dios ha dado Su autoridad a la iglesia, la cual puede echar fuera los demonios y resistir al diablo en el nombre del Señor Jesús.

B. Creemos que la muerte del Señor
ha destruido a Satanás

En segundo lugar, debemos creer que el Señor Jesús,

destruyó por medio de la muerte al que tenía el imperio de la muerte, esto es, al diablo (He. 2:14). La manifestación del Señor Jesús destruyó las obras del diablo, y la muerte del Señor Jesús destruyó al diablo mismo.

La muerte del Señor constituye la mayor derrota para el diablo, porque no sólo es un castigo para él, sino que también es el camino de salvación para los creyentes. En Génesis 2:17 Dios habló de la muerte: "Porque el día que de él comieres, ciertamente morirás". Esta muerte sin duda era un castigo. Satanás se deleitó al oír estas palabras. Puesto que el hombre moriría si comía de aquel fruto, Satanás hizo lo mejor que pudo para inducir al hombre a comer del fruto, a fin de que la muerte reinara en el hombre y él (Satanás) pudiese reclamar la victoria. Sin embargo, la muerte del Señor constituye el gran camino de salvación. Es verdad que Dios dijo: "El día que de él comieres, ciertamente morirás". Esta muerte es un castigo. Pero el Señor ofrece otra muerte, la cual es el camino de salvación. La muerte puede castigar a los que pecan, y la muerte también puede salvar y librar a los que están en pecado. Satanás pensó que la muerte sólo podía castigar al pecador. Con base en este hecho, Satanás reinaba mediante la muerte del hombre. No obstante, Dios salva y libra al hombre del pecado mediante la muerte del Señor Jesús. Este es el aspecto más profundo del evangelio.

La muerte del Señor en la cruz no sólo nos libra a nosotros de nuestros pecados, sino que también elimina toda la vieja creación. Nuestro viejo hombre ha sido crucificado juntamente con el Señor. Aunque Satanás reina por medio de la muerte, cuanto más reina, peor es su situación, porque su reino acaba con la muerte. Puesto que ya estamos muertos, la muerte no puede hacernos daño; ya no reina más sobre nosotros.

"El día que de él comieres, ciertamente morirás". Dios dijo esto para que el hombre no comiera del fruto del árbol del conocimiento del bien y del mal, pero el hombre lo comió y pecó. ¿Qué se podía hacer entonces? El resultado del pecado es muerte; esto es irreversible. Sin embargo, hay un camino que nos conduce a la salvación, una salvación que puede pasar a través de la muerte. Cuando el Señor Jesús fue crucificado en la cruz en nuestro lugar, la vieja creación y el viejo hombre fueron crucificados juntamente con Él. Esto significa que la autoridad de Satanás sólo se extiende hasta la muerte. La Escritura dice: "Para destruir por medio de la muerte al que tiene el imperio de la muerte, esto es, al diablo" (He. 2:14).

Damos gracias al Señor y le alabamos. Somos aquellos que ya están muertos. Si Satanás nos ataca, podemos decirle: "¡Ya estoy muerto!". Él no tiene autoridad sobre nosotros porque ya estamos muertos. Su autoridad sólo se extiende hasta la muerte.

Nuestra crucifixión con Cristo es un hecho consumado; fue realizado por Dios. La Biblia no dice que nuestra muerte con el Señor sea algo que pertenece al futuro, es decir, que no es una experiencia que esperamos alcanzar algún día. La Biblia no nos dice que procuremos buscar la muerte; más bien, nos muestra que ya estamos muertos. Si una persona procura morir, es obvio que todavía no está muerta. Sin embargo, Dios nos ha concedido la dádiva de haber muerto juntamente con Cristo, de la misma manera en que nos concedió la dádiva de que Cristo muriera por nosotros. Si alguien todavía procura ser crucificado, está en una posición, en un terreno, carnal, y Satanás tiene un control completo sobre aquellos que están en un terreno carnal. Debemos creer en la muerte del Señor y tambén debemos creer en nuestra propia muerte. De la misma manera en que creemos que el Señor murió por nosotros, debemos creer que hemos muerto juntamente con Él. En ambos casos se trata de un acto de fe, y ninguno de ellos guarda relación alguna con los esfuerzos del hombre. En cuanto nos valemos de nuestro propio esfuerzo para que estos hechos se hagan realidad, nos exponemos al ataque de Satanás. Tenemos que asirnos a estos hechos consumados y declarar: "Alabo al Señor y le doy gracias; ¡Ya estoy muerto!".

Tenemos que comprender que a los ojos de Dios, es un hecho consumado que hayamos muerto juntamente con Cristo. Una vez que vemos esto con claridad, Satanás no podrá hacernos nada. Satanás sólo puede hacerles daño a aquellos que no han muerto. Él sólo puede reinar sobre aquellos que están frente a la muerte o que se encaminan a la muerte. Pero nosotros ya no estamos frente a la muerte; ya hemos muerto. Por lo tanto, no hay nada que Satanás pueda hacer con respecto a nosotros.

A fin de resistir a Satanás, debemos comprender que la manifestación del Señor fue una manifestación de autoridad, y que la obra de Su cruz liberó a todos los que estaban bajo la mano de Satanás. Satanás ya no tiene autoridad sobre nosotros, más bien, nosotros estamos por encima de él. Somos aquellos que ya han muerto. El camino de Satanás fue terminado por la muerte, y ya no hay nada más que él pueda hacer.

C. Creemos que la resurrección del Señor avergonzó a Satanás

En tercer lugar, debemos creer que la resurrección del Señor avergonzó a Satanás. Satanás ya no tiene manera de atacarnos.

En Colosenses 2:12 dice: "Sepultados juntamente con Él en el bautismo, en el cual fuisteis también resucitados juntamente con Él, mediante la fe de la operación de Dios, quien le levantó de los muertos". Este versículo habla tanto de la muerte como de la resurrección. El versículo 13 nos dice que nosotros estábamos muertos y resucitamos; el versículo 14 nos dice lo que el Señor realizó al momento de Su muerte; y el versículo 15 nos dice que el Señor Jesús despojó a los principados y a las potestades y "los exhibió públicamente, triunfando sobre ellos en la cruz". El versículo 20 dice: "Si habéis muerto con Cristo", y en 3:1 dice: "Si, pues, fuisteis resucitados juntamente con Cristo". Estos versículos comienzan con la resurrección y terminan con la resurrección, y los versículos intermedios nos hablan de triunfar en la cruz. Permanecemos firmes en la posición de resurrección y triunfamos en la cruz.

¿Cómo podemos hacer esto? La declaración que hicimos anteriormente lo explica así: El Señor ha muerto, y nosotros también hemos muerto en Él. Satanás, quien tiene dominio sobre el viejo hombre, sólo nos puede acosar hasta que llegamos a la cruz. La resurrección está fuera de su alcance. Así como Satanás no tenía nada en el Señor Jesús mientras estaba en la tierra (Jn. 14:30), tampoco tiene nada en Él ahora que está en resurrección. La nueva vida no le da cabida alguna a Satanás. ¡Él no tiene ninguna autoridad en la nueva vida y no puede tocar nuestra nueva vida!

Cuando el Señor Jesús colgaba en la cruz, parecía que

miríadas de demonios lo rodeaban, pensando que podrían destruir al Hijo de Dios. Esta iba a ser su mayor victoria. No tenían la menor idea de que ¡el Señor Jesús iba a entrar en la muerte, salir de la muerte y vencer la autoridad de la muerte! Este es un hecho glorioso: el Señor salió de la muerte. Por eso, tenemos el denuedo y la confianza para decir que ¡la vida de Dios puede echar fuera la muerte!

¿Qué es la vida de resurrección? La vida de resurrección es una vida que la muerte no puede tocar. Es una vida que trasciende la muerte, que va más allá de los linderos de la muerte y que sale de la muerte. El poder de Satanás sólo se extiende hasta la muerte. El Señor Jesús demostró con Su resurrección, cuán grande es el poder de Su vida, la cual desmanteló el poder de Satanás. La Biblia llama a este poder "el poder de Su resurrección" (Fil. 3:10). Cuando este poder de resurrección se expresa a través de nosotros, ¡todo lo que ha sido levantado por Satanás es derribado!

Podemos resistir a Satanás porque nuestra vida es una vida de resurrección, la cual no tiene nada que ver con Satanás. Nuestra vida procede de la vida de Dios; es una vida que surge de la muerte. El poder de Satanás sólo se extiende hasta la muerte. Todo lo que Satanás puede hacer se encuentra dentro del lindero que llega hasta la muerte. Tenemos una vida que él no puede tocar. Estamos firmes sobre el terreno de la resurrección y podemos mirar triunfalmente atrás a través de la cruz. Colosenses 2 nos habla de triunfar en resurrección. Este capítulo trata sobre la resurrección, no sobre la muerte. No es que nosotros, por medio de la resurrección, triunfemos en la esfera de la muerte; más bien, es por medio de la muerte que ahora nos encontramos triunfantes en la esfera de la resurrección.

A fin de resistir a Satanás, todo hijo de Dios debe declarar con una fe firme: "¡Gracias a Dios, he resucitado! Satanás, ¿qué puedes hacer? Todo lo que tú haces llega a su término con la muerte. ¡Pero la vida que ahora poseo no tiene nada que ver contigo! Tú ya pusiste a prueba esta vida. ¿Qué más podrías hacer? ¡Careces de todo poder! ¡Esta vida ha trascendido sobre ti! ¡Satanás, aléjate de mí!".

No podemos hacerle frente a Satanás basándonos en la esperanza, sino sólo estando firmes sobre el terreno de la resurrección, en el terreno que corresponde al Señor. Este es un principio muy fundamental. Colosenses 2:12 nos dice que debemos creer en "la operación de Dios, quien le levantó de los muertos".

Necesitamos asumir ante Satanás la misma postura que adoptamos ante Dios. La Biblia nos manda que nos revistamos del manto de la justicia cuando nos acerquemos a Dios (Is. 61:10; Zac. 3:4-5). Nuestro manto de justicia es Cristo. Por ende, necesitamos revestirnos de Cristo para acudir a Dios. Asimismo, necesitamos revestirnos de Cristo cuando enfrentemos a Satanás. Si estamos revestidos de Cristo, Dios no ve pecado alguno en nosotros. Del mismo modo, si estamos en Cristo, Satanás no halla pecado en nosotros. Cuando asumimos esta postura, Satanás no nos puede atacar más. Somos perfectos ante Dios y perfectos también ante Satanás. ¡Qué glorioso hecho!

No debemos temerle a Satanás, porque si lo hacemos, él se reirá de nosotros. Él dirá: "¡Qué persona tan necia hay en la tierra! ¿Cómo puede esta ser tan insensata?". Todo aquel que le teme a Satanás es un insensato porque se ha olvidado de su posición en Cristo. No hay motivo para que le temamos. Hemos trascendido por encima de su poder. Podemos mantenernos firmes ante él y decirle: "¡No puedes tocarme! ¡No importa cuán fuerte ni cuan ingenioso seas, ya te has quedado atrás!". El día de Su resurrección, el Señor llevó cautivo al enemigo y lo avergonzó públicamente. Hoy, nosotros estamos firmes sobre el terreno de la resurrección y ¡triunfamos por medio de la cruz!

D. Creemos que la ascensión del Señor está muy por encima del poder de Satanás

En cuarto lugar, debemos creer que en la ascensión del Señor, Él fue puesto muy por encima del poder de Satanás. Efesios 1:20-22 dice: "Resucitándole de los muertos y sentándole a Su diestra en los lugares celestiales, por encima de todo ... no sólo en este siglo, sino también en el venidero; y sometió todas las cosas bajo Sus pies, y lo dio por Cabeza sobre todas las cosas a la iglesia". Esto significa que el Señor Jesús está sentado en los lugares celestiales y está muy por encima de todo el poder de Satanás.

Efesios 2:6 dice: "Y juntamente con Él nos resucitó, y asimismo nos hizo sentar en los lugares celestiales en Cristo Jesús". Esta es nuestra posición, es decir, la posición de todos los cristianos. El Señor Jesús ha resucitado y está sentado en los lugares celestiales por encima de todo poder de Satanás. Nosotros fuimos resucitados juntamente con Cristo, y asimismo se nos hizo sentar en los lugares celestiales, muy por encima de todo el poder de Satanás.

Efesios 6:11-13 dice: "Vestíos de toda la armadura de Dios, para que podáis estar firmes contra las estratagemas del diablo ... y habiendo acabado todo, estar firmes". El capítulo 2 nos muestra que juntamente con el Señor estamos sentados en los lugares celestiales. El capítulo 6 nos muestra que necesitamos estar firmes. El capítulo 2 dice que debemos sentarnos, mientras que el capítulo 6 dice que necesitamos estar firmes. ¿Qué significa sentarse? Sentarse significa descansar. Quiere decir que el Señor ha vencido y que ahora podemos apoyarnos en Su victoria. Esto es lo que significa depender de la victoria del Señor. ¿Qué significa estar firmes? Estar firmes quiere decir que la guerra espiritual no consiste en atacar, sino en defender. Estar firmes no significa atacar; significa defender. Debido a que el Señor ha obtenido una victoria total, no necesitamos atacar de nuevo. La victoria de la cruz es completa, y ya no es necesario atacar más. Aquí vemos dos actitudes: Una consiste en sentarse y la otra, en estar firmes. Sentarse es descansar en la victoria del Señor, mientras que estar firmes equivale a resistir a Satanás y no dejar que se lleve nuestra victoria.

La guerra que enfrentan los cristianos consiste en no permitir la derrota; no consiste en luchar para obtener la victoria. Ya hemos vencido. Combatimos desde una posición victoriosa y combatimos con el fin de mantener nuestra victoria. No necesitamos luchar para obtener una victoria, pues es la posición desde la cual combatimos; la victoria es algo que ya está en nuestras manos. La guerra que menciona el libro de Efesios es la guerra que llevan a cabo los vencedores; no es que nosotros lleguemos a ser vencedores por medio de combatir. Debemos saber distinguir entre estas dos cosas.

¿De qué manera nos tienta Satanás? Él hace que nos olvidemos de nuestra posición y de nuestra victoria. Él nos enceguece a nuestra propia victoria. Si cedemos a sus tácticas, creeremos que la victoria está muy lejos y que se halla fuera de nuestro alcance. Tenemos que recordar que la victoria del Señor es completa. ¡Es tan completa que abarca la totalidad de nuestras vidas! Una vez que creemos, vencemos. Satanás está derrotado y nosotros lo hemos vencido en Cristo. Pero Satanás quiere robarnos la victoria que hemos ganado. Su obra consiste en mofarse de nosotros para descubrir secretamente si todavía conservamos nuestra fe. Si no sabemos que la victoria ya es nuestra, fracasaremos. Pero si conocemos cuál es nuestra victoria, la obra de Satanás fracasará.

Por consiguiente, contrarrestamos la obra de Satanás con la obra del Señor Jesús. Resistimos a Satanás por medio de la manifestación, la muerte, la resurrección y la ascensión del Señor. Hoy en día nos apoyamos en la obra realizada por el Señor. Cuando Satanás nos ataca, no necesitamos *tratar* de vencer de ninguna manera. Una vez que hagamos el primer intento de vencer, habremos fracasado, puesto que hemos asumido la posición incorrecta. ¡Qué grande es la diferencia entre una persona que se esfuerza por vencer al enemigo y una que resiste, sabiendo que ya ha vencido; ella simplemente resiste al enemigo! Resistir al diablo significa resistirle en virtud de la victoria de Cristo.

Ver este asunto ciertamente requiere revelación. Es necesario que recibamos una revelación de la manifestación del Señor. Además, necesitamos ver Su muerte, Su resurrección y Su ascensión. Tenemos que conocer todas estas cosas.

Por ser cristianos, tenemos que aprender a resistir al diablo. En toda circunstancia debemos decirle a Satanás: "¡Aléjate de mí!". Que Dios tenga misericordia de nosotros para que todos tengamos tal fe. Ejercitemos nuestra fe con respecto a las cuatro cosas logradas por el Señor en beneficio nuestro, y ejercitemos una fe firme a fin de resistir a Satanás y rechazar la obra que lleva a cabo contra nosotros.

"No es necesario que me molestes más. Mis pecados han sido perdonados por la sangre del Señor". Necesitamos ejercitar nuestra fe para declarar que Jesús es el Señor, y que Él ya ha ganado la victoria. Necesitamos proclamar la palabra de nuestro testimonio y dejar que Satanás la oiga. No solamente tenemos que creer con el corazón, sino también declararlo con nuestra boca ante Satanás. Esta es la palabra de nuestro testimonio.

Tercera. Debemos despreciar la vida de nuestra alma hasta la muerte. "La sangre del Cordero" y "la palabra del testimonio de ellos", las cuales mencionamos anteriormente, son dos condiciones necesarias para vencer a Satanás. Despreciar la vida del alma hasta la muerte es una actitud. No importa lo que Satanás esté haciendo, aun si trata de matarnos, lo que... la fe que debemos mantener, es la de seguir confiando en la sangre del Cordero y de seguir declarando su victoria. Si mantenemos esta actitud, la acusación de Satanás cesará. Estos no podrán vencer, por el contrario, ciertamente nosotros los venceremos.

Algunos hermanos y hermanas toleran largas temporadas de Satanás al grado que ya no son capaces de distinguir entre una acusación de Satanás y una reprensión del Espíritu. Tales personas deben abstenerse de confesar sus pecados continuamente, ya que el Señor no desea que actuemos de manera insensata. En lugar de ello, deben orar al Señor y decir: "Si he pecado, estoy dispuesto a confesar mi pecado y pedir perdón. Pero ahora Satanás me está acusando. Te suplico que me quites mis pecados con Tu sangre. De ahora en adelante me pondré de nuevo bajo Tu sangre, y no dejaré que Satanás me perturbe". Aquellos que se hallen en tal condición deben que echar mano de todo por un tiempo para que puedan poner fin de manera clara la acusación de Satanás y la acusación de la Sangre.

3. Cómo ayudar a quienes están bajo la acusación de Satanás

Jamás deberíamos aumentar la carga de la conciencia de quienes están bajo la acusación de Satanás. Primero, debemos